COLUI CHE OSSERVA, ASCOLTA E RICORDA

Illustrazioni di Elena Garuti

Prima edizione anno 2019

INDICE

COLUI CHE OSSERVA, ASCOLTA E RICORDA 4

IMMOBILE MA NON IMMUTABILE 10

TRA L'IMBARAZZO E IL CORAGGIO 18

BREVE MA INTENSO 22

SPECCHIO RIFLESSO 26

ETERNI RIVALI 30

COLUI CHE OSSERVA, ASCOLTA E RICORDA

Una signora attraversa la strada, ha un soprabito lungo di colore rosso e la borsetta nera è in tinta con gli stivali alti fin sotto il ginocchio. Il suo passo è veloce, guarda dritto davanti a sé, non ha tempo di guardarsi in torno; non si accorge di me che la guardo, mi sorpassa e si allontana.

In direzione opposta arriva un anziano signore con il suo bastone che lo sostiene e con calma mi passa davanti, un passo e poi un altro e poi ancora un altro. Ad un tratto si accorge di me e gira la testa, il nostro sguardo si incrocia e ci fissiamo per un breve momento. Mi pare di aver visto l'accenno di un sorriso ma rigira la testa e prosegue col suo lento ritmo oltre la mia vista.

È un momento di calma e quiete, il sole è alto nel cielo e non c'è gente che cammina, tutto tace, nulla si muove. Il tempo sembra fermo, ogni istante è uguale al precedente e identico al successivo, con l'impressione di essere eterno.

In lontananza sento delle voci, creano un brusio indistinto e ad un tratto diventano risate allegre e gioiose. Due mamme con tre figli al loro seguito si ritrovano a passarmi davanti. I primi due bambini non mi notano, sono troppo intenti a giocare a rincorrersi. Sembra che quello che scappa abbia davvero la faccia impaurita, chissà se si diverte davvero. Comunque è troppo svelto, l'altro non riesce a toccarlo e non ne sembra molto entusiasta.

Le due madri stanno chiacchierando tra loro e non si accorgono dello spintone che, per dispetto, uno dei due ha fatto all'altro. Il bambino inciampa, cade a terra e inizia a piangere; le madri accorrono, l'altro bambino nega ciò che ha fatto. Tutto ciò mi ha distratto a tal punto da non accorgermi che il terzo bambino, più piccolo degli altri, mi fissa con occhi sgranati con le mani in alto in una posizione alquanto strana; sembra voglia avvicinarsi di più ma qualcosa glielo

5

impedisce. Nessuno mi ha mai guardato così, quegli occhi sbarrati e pieni di desiderio e un enorme sorriso da un orecchio all'altro.

Cerca di attirare l'attenzione della madre ma lei è troppo presa da quello che probabilmente è suo fratello che si è appena rialzato da terra. Hanno fretta di andare via e tira per un braccio il bambino che ancora mi sta guardando. Lui vorrebbe restare e fa resistenza ma la madre è più determinata. Prima di scomparire il bimbo si gira ancora una volta per lanciarmi un'ultima occhiata intensa.

C'è un frenetico via vai di persone, famiglie, madri e padri che tengono per mano i propri figli. Alcuni di loro hanno un gelato in mano, cioccolato e fragola sono i gusti più frequenti.

Si fermano davanti a me due uomini. Non hanno figli e sono entrambi vestiti con una divisa blu scuro. Stanno scaricando da un camion oggetti d'arredo, sedie, tavoli, tutti accuratamente imballati.

Appoggiano poi qualcosa di forma quadrata, con un imballaggio poco curato, il vento ne scopre un pezzo: un meraviglioso specchio con la cornice dorata appare davanti a me. Riesco a vedere la mia immagine riflessa: ciò che riflette lo specchio è la vetrina di un negozio e io sono li al centro, l'orsacchiotto di peluche che quel bambino desiderava tanto.

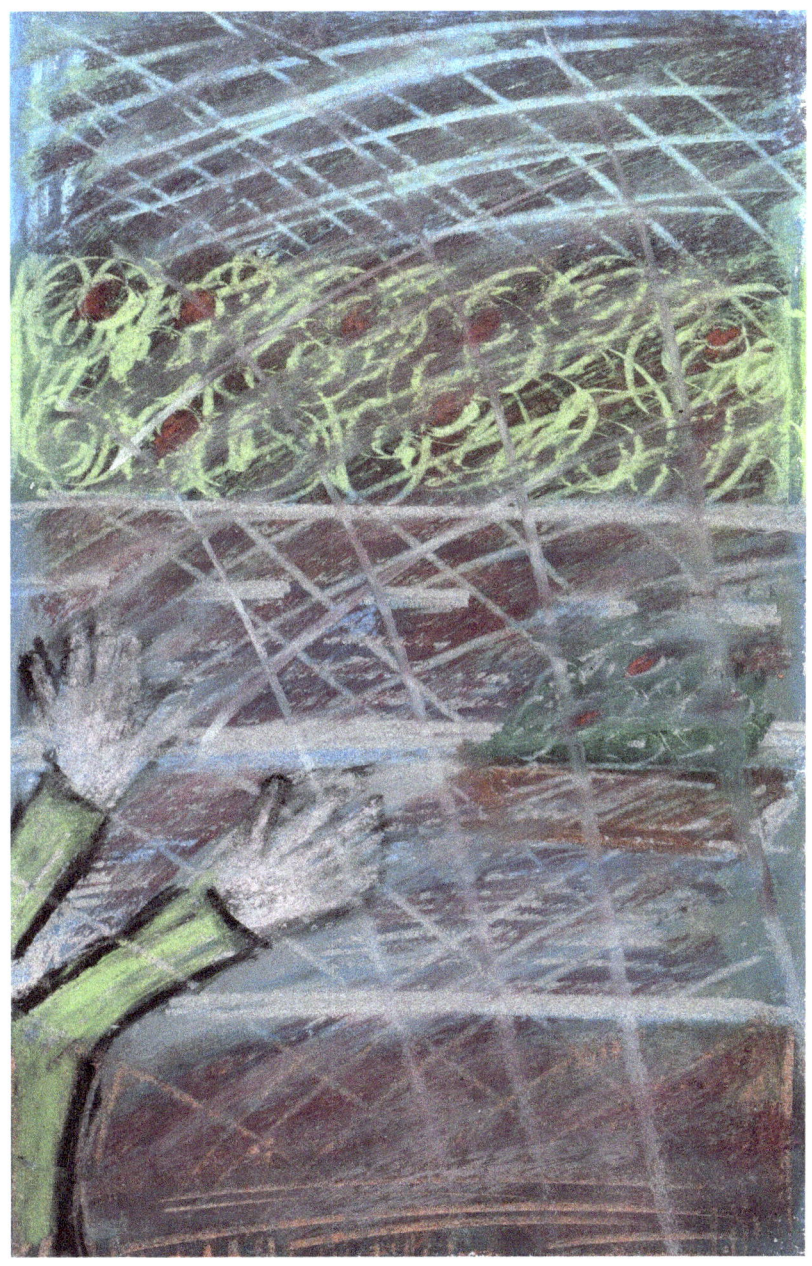

IMMOBILE MA NON IMMUTABILE

Sono la statua della piazza della mia città, il mio sguardo fiero è fisso su ciò che mi accade intorno, nulla sfugge al mio sguardo. Sono qui da tanto tempo e per quanto tutto intorno a me è cambiato io sono rimasta la stessa, immutabile, solitaria sul mio piedistallo. Il sole sorge, un nuovo giorno inizia, la piazza è ancora deserta ma ai suoi lati i proprietari dei bar iniziano coi lavori del mattino: aprono i tendoni, appoggiano i tavolini e dispongono le sedie intorno ad essi, spazzano l'ingresso e montano le insegne.

La calma e la quiete del mattino sono momenti unici ma velocemente interrotti dalla prime persone mattiniere. La donna dalla maglia rosa è la prima che arriva, coi capelli biondi raccolti in una coda, calzoncini corti neri e scarpe bianche. Corre, il suo allenamento mattutino, gira intorno alla piazza e si allontana in una stradina laterale.

Si avvicinano gli uomini diretti in ufficio, si muovono in gruppo, tutti in giacca nera o blu scuro con la cravatta colorata su camicia bianca; non si accorgono che si muovono in sincronia, la stessa gamba, lo stesso braccio, sembra un balletto studiato ed eseguito con precisione. Il tempo sembra scorrere più veloce al mattino presto e la piazza è già affollata; i ragazzini si dirigono verso la scuola sempre chiassoso e allegri, dietro di loro arriva di corsa il bambino dal cappello rosso, come ogni giorno è sempre in ritardo. I turisti invadono la piazza, si avvicinano, mi fotografano e si allontanano.

Così è ogni giorno che si ripete come il giorno prima e il giorno dopo e quello dopo ancora. Una bambina si siede a leggere un libro all'ombra del mio piedistallo, è qui ormai da ore e non ha mai alzato lo sguardo fin quando non è diventato troppo buio.

Incomincia un nuovo giorno e ricomincia la solita routine: la ragazza che corre, gli uomini d'affari, il bambino dal cappello rosso in ritardo, i negozianti che aprono i negozi e i turisti che fotografano la piazza; ma la bambina che legge il libro non si vede. La mia attenzione si sposta dall'altra parte della piazza dove una bambina gioca con l'hula hoop, senza fermarsi mai, si diverte finché è buio e lascia la piazza. Sorge ancora il sole e tutto ricomincia, la ragazza corre, gli uomini vanno al lavoro, i ragazzi vanno a scuola e quello dal cappello rosso che rischia di arrivare in ritardo, i negozi che aprono e i turisti che arrivano ma né la bimba che legge il libro né quella che gioca con l'hula hoop si vedono. Ad aumentare il frastuono in piazza c'è una ragazzina che gioca con il suo vivace cagnolino con un abbaiare chiassoso, si rincorrono e si rotolano per tutto il pomeriggio fino al calar della sera. Ogni movimento nella piazza si ripete, ogni orario prevede un certo tipo di azioni che la massa segue scrupolosamente: l'ora di lavorare, l'ora di mangiare, l'ora di fare la spesa e anche l'ora del tempo libero. Qui in questa piazza è sempre stato così. Eppure, da qualche tempo c'è qualcosa di diverso, qualcuno che ostinatamente spezza la routine quotidiana, qualcuno che senza

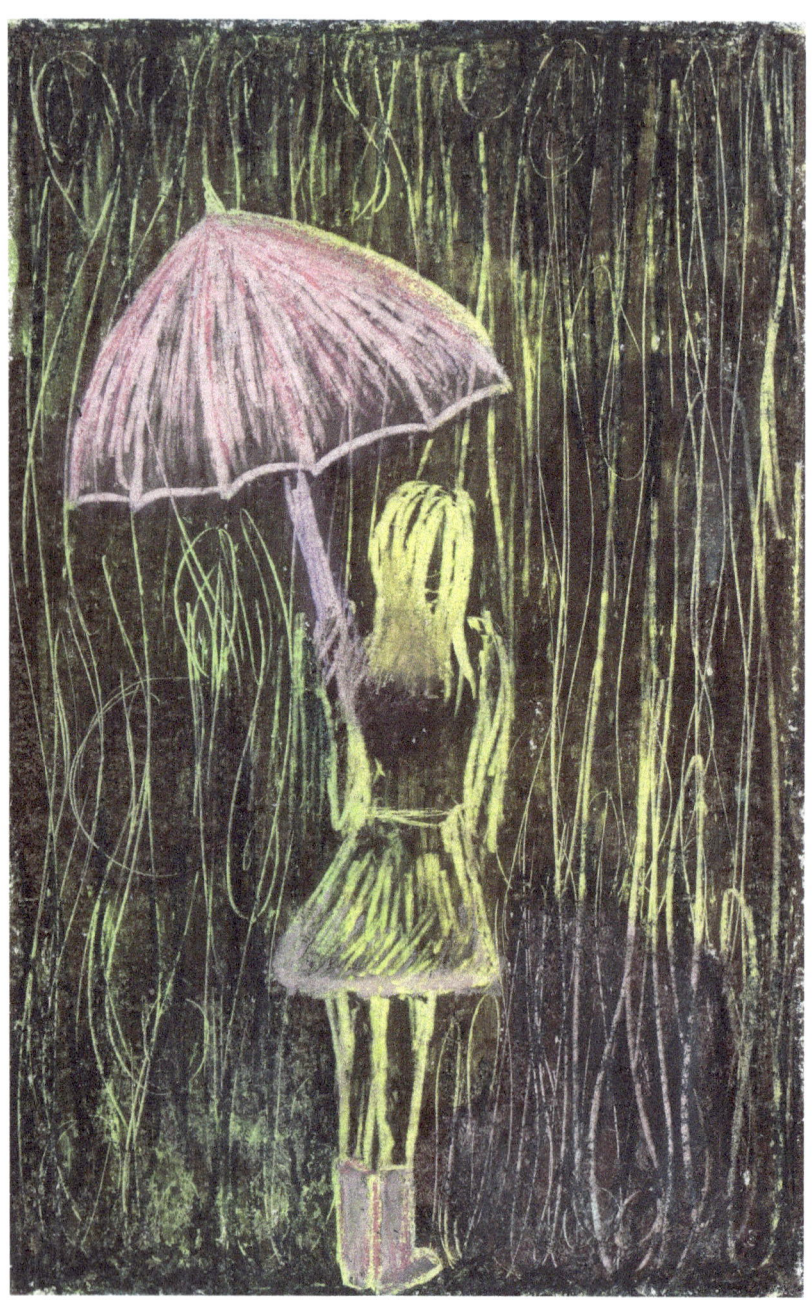

accorgermene aspettavo con ansia il suo arrivo, quell'unica persona capace di sorprendermi.

È l'inizio di un nuovo giorno come tanti altri ma oggi sono in cerca di qualcos'altro, qualcosa che di solito non vedo: i due innamorati che si baciano me li ricordo, tempo fa avevano litigato furiosamente proprio sotto il mio piedistallo; nel guardarli ora provo un certo sentimento di piacere. Oggi piove e mentre la piazza si svuota la ragazzina arriva con un ombrellino rosa abbinato agli stivali di gomma a saltare da una pozzanghera all'altra. Le si avvicina il ragazzo dal cappello rosso, anche lui con ombrello e stivali, tra loro c'è intesa e giocano insieme fino al tramonto.

I giorni si susseguono e continuo a seguire le vicende della ragazzina che ormai è una giovane donna ancora insieme al giovane col cappello rosso. Oltre a loro seguo le vicende della piazza con uno sguardo attento e divertito lasciandomi coinvolgere in quegli eventi con musica e danze che sono le feste di paese

È domenica e nella chiesa in fondo alla piazza rintoccano le campane, dal grande portone escono persone allegre e festose, escono l'uomo col cappello rosso, che non ha mai smesso di indossarlo, e lei, dal tradizionale vestito bianco che ho riconosciuto come la bambina che ogni giorno aspettavo.

Dai vari festeggiamenti ho compreso che presto loro due avrebbero lasciato la città e quindi io non li avrei più visti. Sento un peso al cuore con un profondo senso di solitudine e tristezza al pensiero che lei non sarà più qui e io non la potrò vedere, non vedrò il suo sorriso mentre ogni giorno spezzava la routine con qualcosa di nuovo. Ciò che mi lascia però è altrettanto bello, cioè la capacità di cercare e vedere le particolarità che rende ogni giorno diverso dall'altro. Io sono la statua della piazza della mia città, da sempre il mio sguardo fiero è fisso su ciò che accade intorno, sempre solitaria sul mio piedistallo, immobile, immutabile, no forse no, forse un po' sono cambiata anch'io.

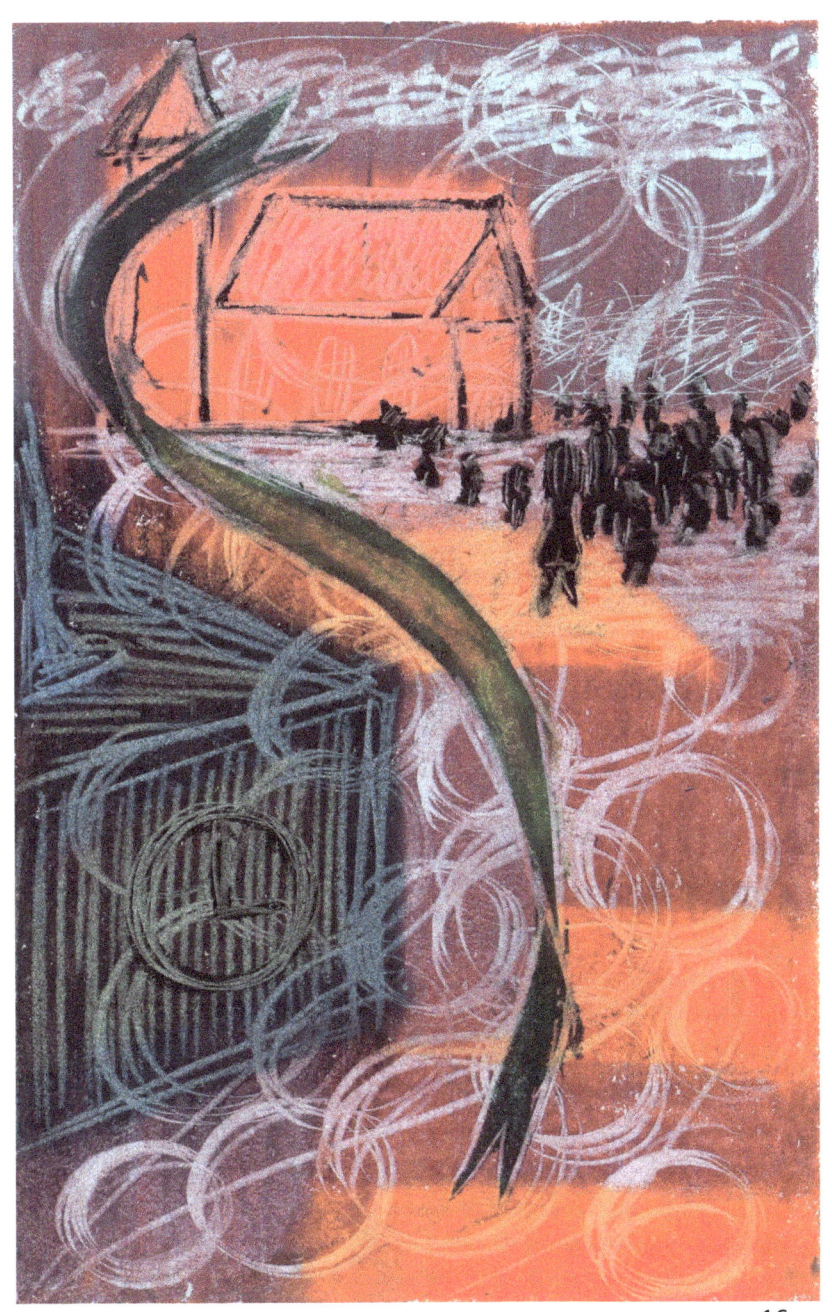

16

TRA L'IMBARAZZO E IL CORAGGIO

Mi sento osservato, questa signora non smette di fissarmi; mi guarda, fa un passo avanti e si avvicina, poi fa tre passi indietro e più volte inclina la testa. Finalmente si allontana e al suo posto si ferma davanti a me un ragazzino che sembra un po' annoiato, si gira e mi guarda in modo distratto, poi la madre lo chiama a sè e io ho un attimo di pace. A volte non capisco siamo in tanti qui, perché solo io sono così osservato? Mi imbarazzano e mi mettono a disagio tutte queste persone che mi fissano come per vedere dentro di me la mia parte più intima.

Ora sempre peggio: un chiassoso gruppo di persone mi accerchia e mentre mi guardano ascoltano il signore al centro che parla, mi indica e parla.

Cosa sa su di me? Come mi conosce? Io vorrei solo starmene tranquilla per conto mio.

È tornato lo stesso signore, è venuto spesso ulti-
mamente, ma dopo la prima volta in cui mi ha
fissato a lungo, le successive volte la sua attenzione era sull'architettura della stanza. Le persone mi fissano e poi ne arrivano altre senza tre-
gua. Sapranno che io li fisso a mia volta? C'è silenzio e buio ora il museo è finalmente deserto
e la mia tanto aspirata tranquillità è arrivata.

Sento un rumore di passi in lontananza e altri ru-
mori che seguono mi inquietano, non li avevo
mai sentiti nel cuore della notte. Appare un
uomo in nero, cammina piano si guarda intorno,
viene verso di me, gli vedo solo gli occhi decisi
e freddi.

D'un tratto non vedo più nulla e mi trovo avvolto
in un telo di morbido cotone. Non lascerò che il
panico prenda il sopravvento su di me, ma non
ho neanche la forza necessaria per oppormi. L'u-
nica mia speranza è di affidarmi a coloro che qui
mi proteggono e si prendono cura di me. Sono
coperto e non vedo nulla. Scoppia un suono
forte, sempre più forte; poi sento passi, tanti
passi e voci su altre voci.

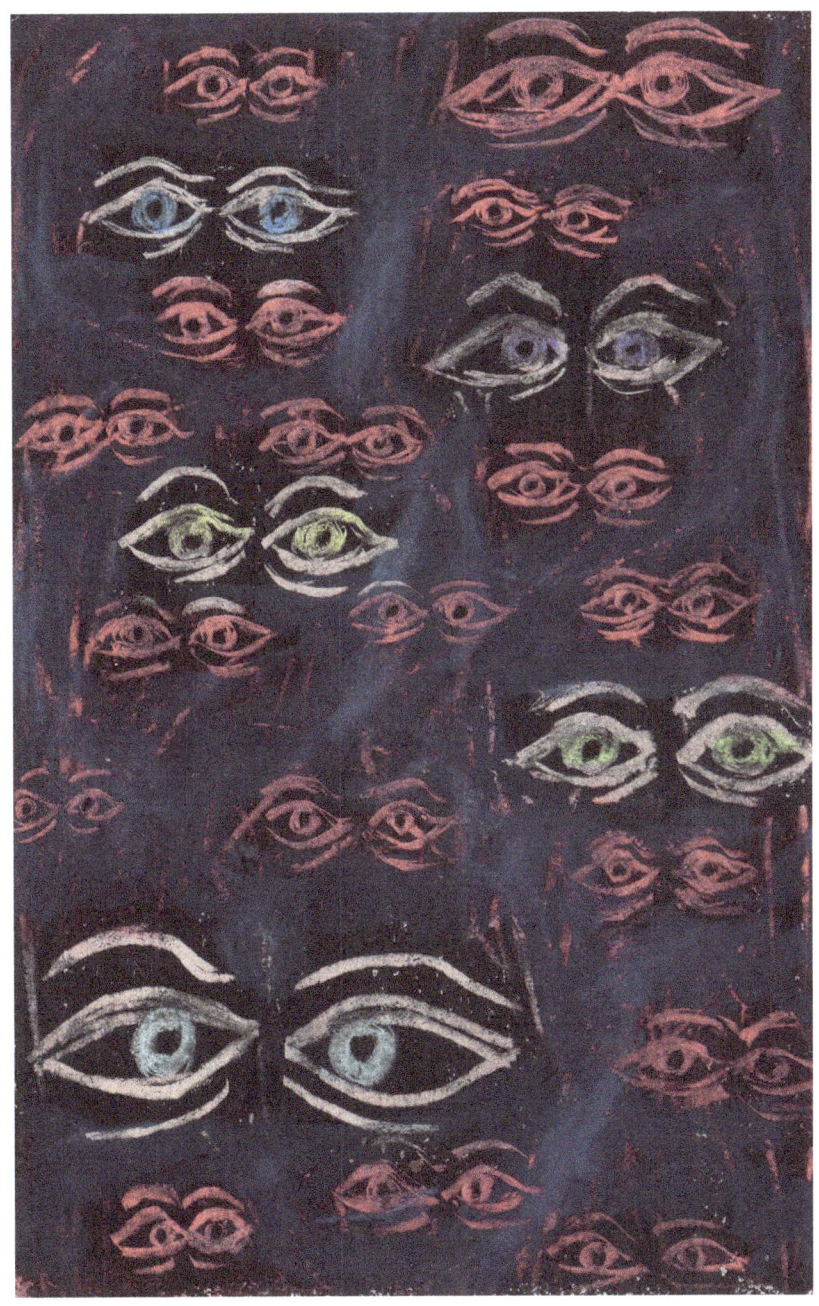

Mi sento un po' sballottato e cado a terra. Silenzio. Un breve momento durato un'infinità senza poter capire cosa succede. Vengo raccolto da terra e liberato, finalmente posso di nuovo vedere e davanti a me c'è un uomo con una divisa blu. Mi riporta al mio posto e mi riappende al mio chiodo. Controlla che stia e poi va via.

L'indomani c'è ancora più gente del solito a fissarmi e fotografarmi con grandi macchine fotografiche che sparano flash uno dopo l'altro. Ciò mi mette a disagio ma per ripagare coloro che mi hanno salvato credo che lascerò che mi ammirino, dopotutto sono un'opera d'arte.

BREVE MA INTENSO

Io so da dove vengo, so chi mi ha creato e ho anche vaghi ricordi di come sono nato, ma questo cosa importa ora che mi affaccio verso il mio futuro.

Vedo davanti a me infinite possibilità. Posso andare ovunque, il sole mi illumina, il vento mi spinge avanti e io voglio assecondarlo, voglio seguirlo e scoprire dove mi porterà: un panorama che solo io posso vedere, un luogo che solo io posso raggiungere. Sto per lasciare la casa del mio creatore, non ci vedremo più ma sono sicuro che vedermi partire lo farà felice, consapevole che questo è il mio destino. Ci siamo, una piccola spinta e volo! Sì, finalmente mi trovo nella libertà del cielo azzurro, il vento mi sostiene, le mie ali reggono, dall'alto della finestra da cui sono partito vedo sotto di me i tetti delle altre case, le persone sono piccolissime da quassù. Che sensazione fantastica! L'aria fresca, i raggi diretti del sole, ogni cosa sembra perfetta, magica, ma mentre sembra un momento eterno, l'amico vento mi abbandona e mi ritrovo a scendere dolcemente verso il basso. La mia avventura finisce così, dopotutto dovrei sapere che il volo di un aereoplanino di carta è breve. Atterro sul morbido prato verde dove tanti bambini giocano, uno di loro mi vede e mi raccoglie, sistema la mia punta e con un grande slancio mi riporta in alto e volo di nuovo verso il sole. È tornato pure il vento che mi spinge e mi tira più forte di prima, poi plano veloce come quei piccioni che accanto a me cercano un pezzo di pane tra le macchine. Il vento aumenta, la tranquillità lascia il posto ad una leggera preoccupazione, vengo trascinato con forza, perdo il controllo, sobbalzo e mi avvito su me stesso, incapace di mantenere il senso d'orientamento vengo portato molto lontano. Riacquisto la mia stabilità e mi ritrovo in uno scenario del tutto diverso: la

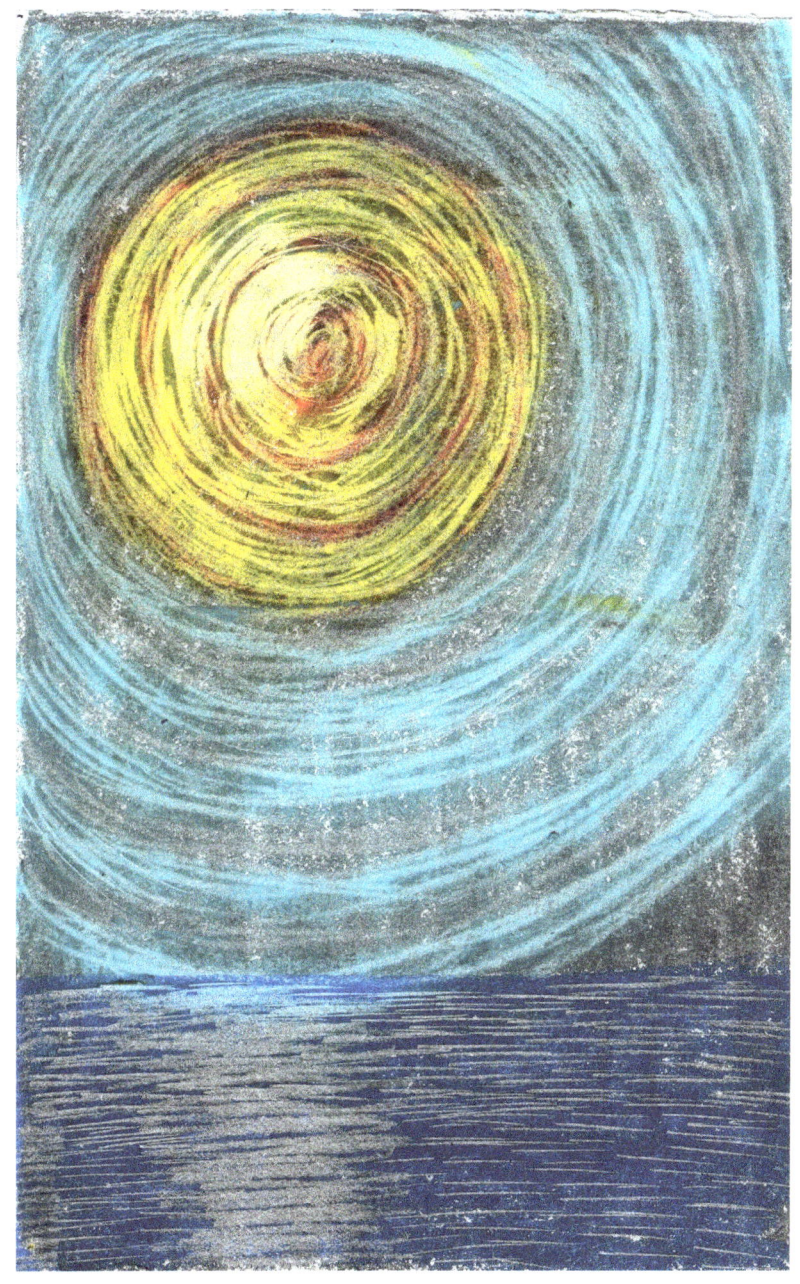

vastità del mare si staglia davanti a me. La brezza marina mi culla mentre mi accompagna giù, e così lascio le bellezze del cielo dove ho goduto di meravigliosi panorami. La mia vita è stata un po' solitaria forse, coi suoi alti e bassi, sarà stata breva ma intensa, una vita degna di essere vissuta.

SPECCHIO RIFLESSO

Io guardo il cielo. Forse perché è da lì che provengo o forse perché dopotutto non c'è altro che valga la pena guardare; vedo mille sfumature di colore: l'occhio si perde nel vuoto e mi ritrovo in un'altra dimensione, galleggiando a pochi centimetri da terra. Un cielo che non annoia mai, dove uccelli e nuvole dimorano dando vita a spettacoli mozzafiato di acrobazie e forme uniche. Dopo giorni di grigio arriva uno spiraglio di sole, il quale si allarga e scaccia via le nuvole mostrandomi il naturale colore azzurro che caratterizza il cielo.

Un rumore di passi si avvicina a gran velocità, sempre più vicino finché vengo colpita in pieno con la forza di una valanga; saltarmi addosso è sempre stato un divertimento comune. Dietro a questa furia scatenata arriva qualcuno dal passo più calmo ma mi evita con un ampio passo laterale. Scorgo sul suo viso un'espressione indignata, deve sentirsi superiore nel guardarmi dall'alto in basso, non che me ne importi perché io dopotutto miro ancora più in alto, dove pochi oggi si ricordano di vedere, quell'infinito spazio che da lassù ci osserva. Potrò mai io che mi trovo sulla terra essere di così grande intensità ed ispirazione per gli altri?

Il sole inizia a calare, l'azzurro inizia a sfumare in altre gradazioni di rosa e arancio mentre uno stormo di uccelli vola, unito come fosse un'unica figura, mostrandosi in tutta la sua bellezza per i pochi privilegiati che hanno alzato la testa verso il cielo. Giunge la notte, lo spettacolo delle stelle è banale descriverlo se non lo si guarda coi propri occhi. È meraviglioso. Allo stesso tempo ti tiene sveglio e saldo al terreno, perché non vorresti essere in nessun altro posto in quel momento, non vorresti essere nessun altro, non vorresti fare altro se non guardare le stelle che stai ammirando, le stesse che io vedo ogni notte.

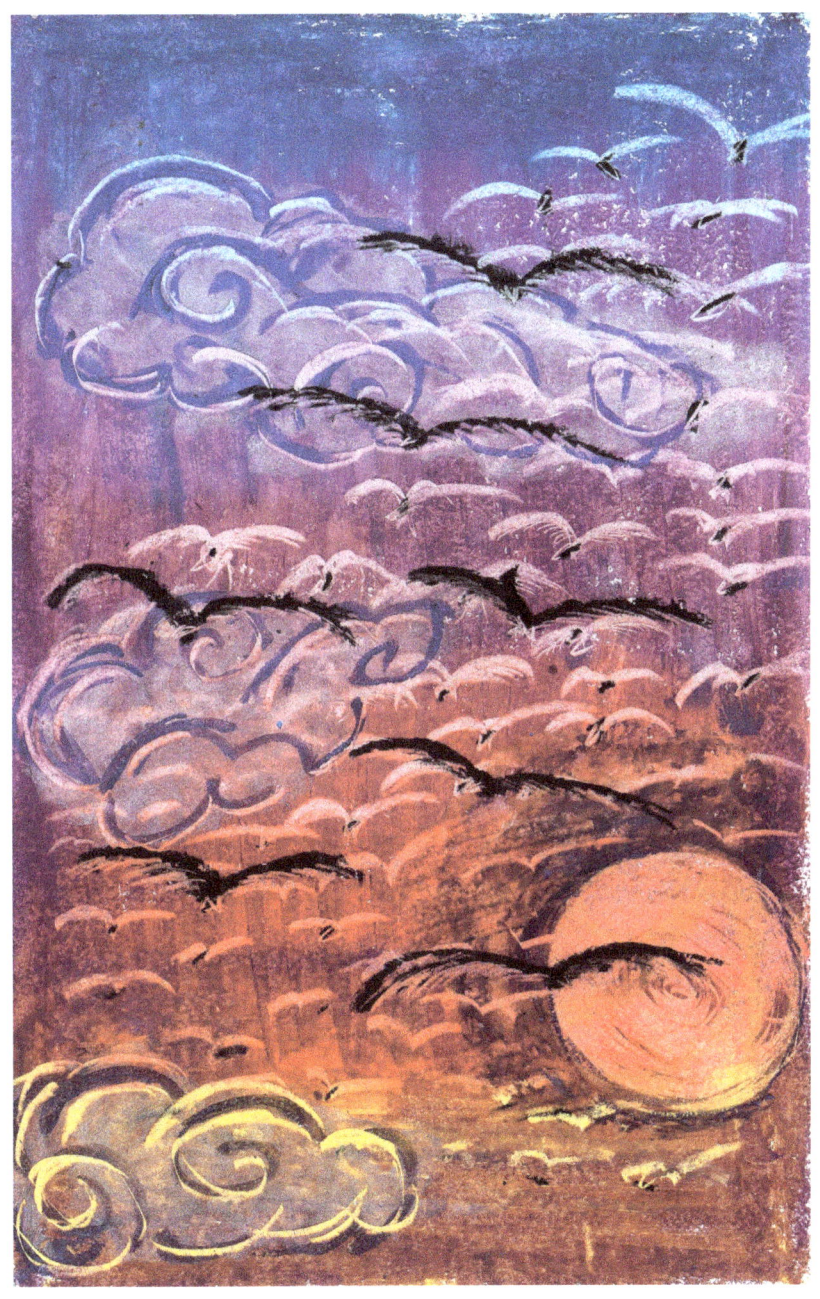

Le prime luci dell'alba risvegliano il cielo, le nuvole si spostano veloci e danno vita ad animazioni sempre nuove e allegre. Oggi è un'altra giornata di cielo azzurro e io mi immergo nelle sue profondità osservandolo da quaggiù. Ecco altri suoni di passi, lunghi e frettolosi, ma mi vedono e mi evitano, nessuno di loro guarda il cielo? Coloro che tengono la testa bassa non si accorgono di cosa si perdono? Io che non posso fare altro che guardare il cielo, ancora spero di assomigliargli e di emanare la stessa intensa profondità che permette a chi la guarda di perdersi in essa. Così per le persone che decidono di guardare il suolo io sarò il riflesso del cielo e così io, semplice pozzanghera, sarò parte di esso.

ETERNI RIVALI

Una volta qualcuno disse: "La vita è una continua lotta" e io non posso che dargli ragione,
chiunque egli fosse. La mia esistenza è in co-
stante conflitto contro quella che viene chiamata
"la salvezza" o "la più grande invenzione
dell'umanità"; sarà anche importante certo, ma
io ho uno scopo più eccelso, la mia nascita ha
segnato per sempre il corso della storia
dell'uomo e da secoli gli offro i miei servigi.
Come le due parti dello Yin e Yang, la luce e
l'oscurità, insieme a me colei che sarà per sempre la mia eterna rivale, in continua lotta per dominare lo spazio; una a fianco all'altra, insieme,
per sempre legate, giacciamo in attesa dell'inizio del nostro confronto. La cerniera si apre e io
vengo scelta dal mio padrone, per esprimere ciò
che lui vuole, per comunicare senza bisogno

della voce o di alcun suono: sono colei che dà vita alla sua immaginazione.

Oggi però non è uno di quei giorni perfetti e d'improvviso eccola che appare, la mia unica nemica e il nostro scontro inizia. Elimina le tracce del mio passaggio, rende vani tutti i miei sforzi. Io tento di ricostruire quello che si è perso, ma oggi nulla ferma quella forza divoratrice che porta via tutto col suo passaggio. Un colpo imprevisto mi travolge e mi ritrovo a cadere nel vuoto, roteo su me stessa, so già cosa mi aspetta: un crudele destino a cui non posso porre rimedio. Colpisco il suolo, qualcosa dentro di me si spezza, e mentre credo che sia giunta la mia fine, il padrone mi raccoglie: lui crede ancora in me, forse posso ancora farcela.

La sua mente e il mio corpo si muovono in un sol essere, la nostra sinergia ora risuona all'unisono, riempio lo spazio, ogni cosa prende forma, niente più gesti inutili, ripensamenti o disattenzioni la nostra bravura è incontestabile, degna di essere mostrata. Nonostante le mie ammaccature sembra che per oggi abbia vinto io, ma domani chissà! La mia è una continua lotta per l'affermazione della mia esistenza e dell'espressione del mio padrone che si affida a me; ripone, invece, le sue paure e la speranza che esse scompaiano nella mia rivale. Nonostante tutto io e lei siamo parte l'una dell'altra, destinate a stare insieme nel bene e nel male, la lotta per dominare lo spazio tra matita e gomma sarà eterna.

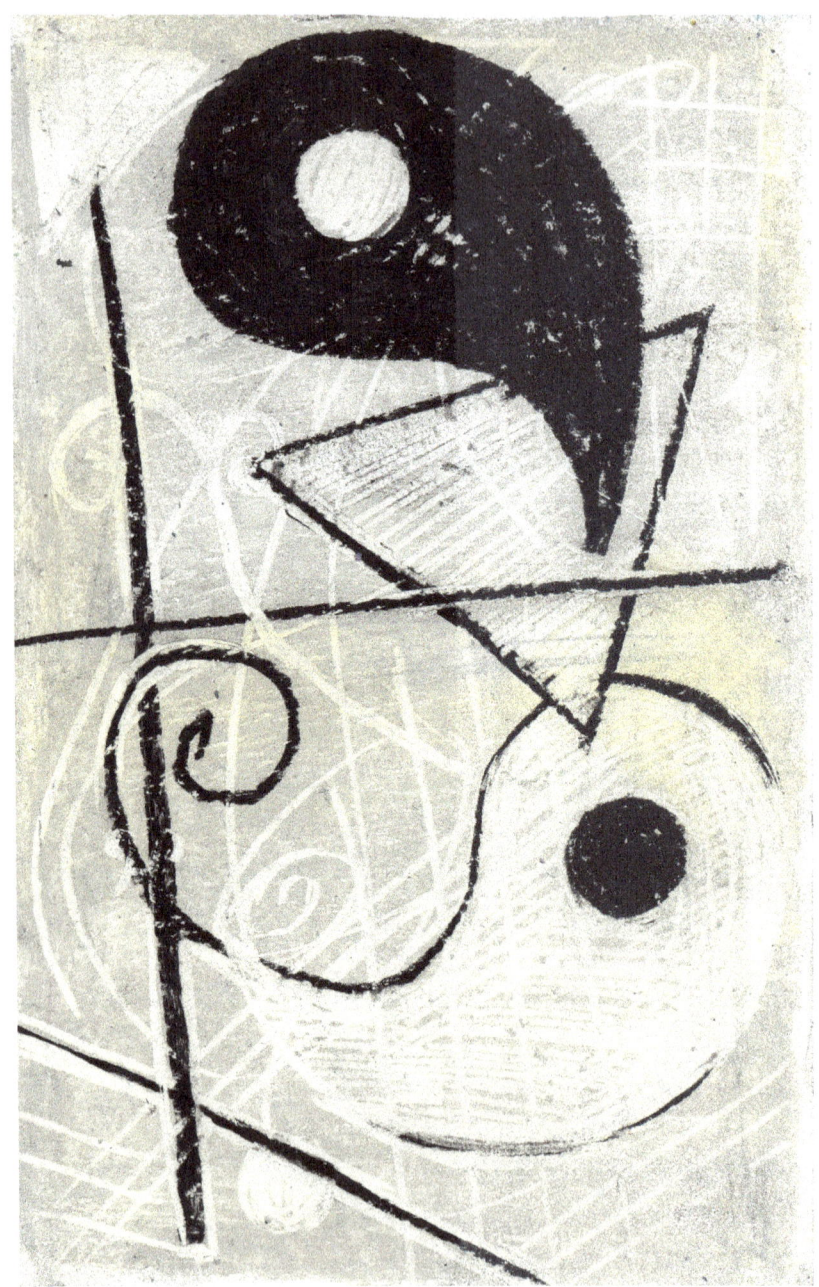